AF405091

IDÉES

OU

BASES D'UNE NOUVELLE DÉCLARATION

DES DROITS DE L'HOMME,

DE CELLE DE SES DEVOIRS,

ET D'UNE NOUVELLE CONSTITUTION

POUR LA RÉPUBLIQUE FRANÇAISE,

*Où l'on traite, entr'autres choses, de la liberté
et de l'égalité, des insurrections, de l'éducation nationale, du code civile, et notamment
des enfans naturels, de l'adoption, d'une seule
substitution officieuse, et de l'organisation d'un
nouvel ordre judiciaire, etc ;*

Par ANTOINE-JOSEPH THORILLON,
*électeur, réuni le 14 Juillet 1789..... et député de
Paris, à l'assemblée nationale première législative,
et membre de son comité de législation.*

A PARIS,

Chez les Marchands de Nouveautés.

———————

1 7 9 3.

INTRODUCTION.

DANS ces idées que je publie sur la nouvelle constitution de la république française , je me suis défendu de l'enthousiasme de nos nouveaux philosophes , qui , pleins d'une théorie abstraite , et sans songer à méditer les bons ou les mauvais effets des institutions humaines , ne consultent que leur goût novateur , et non pas l'état de l'esprit public , de ses mœurs et de ses besoins locaux. Le télescope , toujours à l'œil , ils s'obstinent à ne pas voir les hommes tels qu'ils sont à leur côté , mais bien au loin , *dans la nature des choses* , tels qu'ils pourront être *dans les choses de la nature* , et dans la révolution d'un demi-siècle environ, qu'une nouvelle génération , née au foyer de *la liberté et de l'égalité* , et cultivée par une véritable éducation nationale , aura plus généralement pétri leur cœur de mœurs pures et dignes de notre régénération politique.

A ij

[illegible handwritten note]

INTRODUCTION.

DANS ces idées que je publie sur la nouvelle constitution de la république française , je me suis défendu de l'enthousiasme de nos nouveaux philosophes , qui , pleins d'une théorie abstraite , et sans songer à méditer les bons ou les mauvais effets des institutions humaines , ne consultent que leur goût novateur , et non pas l'état de l'esprit public ; de ses mœurs et de ses besoins locaux. Le télescope, toujours à l'œil , ils s'obstinent à ne pas voir les hommes tels qu'ils sont à leur côté , mais bien au loin , *dans la nature des choses ,* tels qu'ils pourront être *dans les choses de la nature ,* et dans la révolution d'un demi-siècle environ, qu'une nouvelle génération , née au foyer de *la liberté et de l'égalité* , et cultivée par une véritable éducation nationale , aura plus généralement pétri leur cœur de mœurs pures et dignes de notre régénération politique.

Je me suis également défendu de l'influence de ces esprits *spasmodiques*, qui, n'apercevant pas dans la constitution de 1791 l'illusion d'un éclat trompeur, ont pris, pour le véritable bonheur, ce qui n'en étoit que l'ombre.

Mais en écartant de ce premier effort de notre esprit régénéré, tout ce qui, dès le moment de la révision, m'avoit paru ne point aller au bonheur de mes concitoyens (1), j'en conserverai ce qui, à mon sens, peut le procurer.

Abstraction faite de tout ce qui a rapport direct ou indirect à la monarchie, qui n'est plus, en adoptant une grande partie de cette constitution; je tâcherai de prémunir mes lecteurs contre l'expansion dangereuse quand on ne sait pas d'apprécier, de l'égalité en   et de la liberté.

Si je parviens à bien tracer la ligne de démarcation de ces deux sources de notre bonheur, et de l'anarchie qui les empoisonne et les tarit, j'aurai

----

(1) *Voyez* mes réflexions [*in-8°.*] sur la constitution de 1791.

plus fait que je n'ose l'espérer ; car on le sait, dans quelle abyme l'imprévoyance des premiers constitutans ne nous ont-ils pas plongés involontairement, en laissant confondre l'un avec l'autre, sur-tout en ne prenant point la précaution essentielle que la sagesse a dictée à la convention, de maintenir provisoirement toutes nos loix, tant qu'elle ne les auroit point abrogées.

L'état déplorable dans lequel nous avons vécu depuis 1789, n'offre de consolation, qu'en le comparant à l'orage salutaire qui devoit purifier l'air des vapeurs que le despotisme de plusieurs siècles avoit amoncelées sur notre horison, et nous amener les beaux jours dont l'aurore commence à briller.

Constitution sainte ! hâte-toi de lever ta tête altière, et bientôt tu seras le soleil de la France, dont les rayons bienfaisans ranimeront tout : nos champs seront sillonnés, nos guerets fécondés, notre commerce vivifié ; les arts, l'industrie encouragés ; en un mot, les germes de notre félicité se développeront, et peut-être 1793 ne sera pas révolu, que nous en cueillerons les fruits pré-

coces, dont nos enfans goûteront toute la matu-
rité...... Si nos ayeux n'avoient point planté,
notre vaste territoire seroit un désert.... Créons,
cultivons donc ; mais souvenons-nous qu'un bon
jardinier perd peu son tems à la culture de plantes
exotiques.

DIVISION DE MES IDÉES SUR NOTRE NOUVELLE CONSTITUTION.

Ce nouvel édifice de notre régénération politique
doit s'élever pour le maintien de la liberté et de
l'égalité, dont la conquête annoncée par les électeurs réunis le 14 juillet 1789, préparée par l'assemblée constituante en 1791, finie par le peuple,
et soutenue par l'assemblée législative le 10 août
1792, qui, fidèle à ses sermens, devoit consulter
la nation qui les avoit exigés, a été couronnée
par la convention le 21 septembre.

Je traiterai donc d'abord de l'égalité et de la
liberté, et successivement du maintien provisoire
des loix, des bases de la république et de son organisation.

En établissant mes diverses propositions, j'en
réfuterai d'autres, qui ne m'ont point paru arriver
au but que la nation se promet dans son nouveau
gouvernement républicain.

IDÉES

OU

BASES D'UNE NOUVELLE DÉCLARATION DES DROITS DE L'HOMME, etc.

Le bonheur de ma patrie est l'objet de mes vœux.

In me.

§. Ier.

De la liberté et de l'égalité.

NOTRE *égalité* en *droit* est incontestable. Sous la voûte azurée qui nous couvre, nous naissons tous enfans du créateur universel ; la même terre nous porte, le même soleil nous éclaire, les mêmes végétaux nous alimentent, et simples enfans de la nature, nous avons les mêmes besoins et les mêmes ressources.

Mais enfans de la société, notre éducation jusqu'ici si différente, et il faut en convenir, le plus ou le moins de perfection de nos organes, à l'âge où la raison vient nous distinguer des autres êtres créés, nous délègue diverses fonctions. Nos talens et nos vertus nous appellent, les uns à proposer les loix, les autres à les faire exécuter ; ceux-ci à cultiver la terre, dont les productions nous nourrissent ; ceux-là, aux arts et à l'industrie ; tel

A iv

est propre à un objet , le perfectionne et l'améliore , tel autre ni réussiroit pas ; donc distinction des emplois, d'après nos facultés intellectuelles , quoique tous nés avec le droit de les remplir. La raison en effet nous enseigne à ne les confier qu'à ceux dont l'éducation et l'étude leur en ont permis l'exercice , et sur-tout à ceux que la probité et des mœurs pures en ont rendu dignes.

Mais tel que soit notre emploi dans notre association politique , ne nous servons-nous pas tous mutuellement ? L'un peut-il se passer des talens de l'autre ? Celui qui vieillit dans le cabinet pourroit-il fertiliser nos champs ? Non. Le cultivateur pourroit-il nous donner ce que l'artisan et l'artiste nous fournissent ? Non. Nous nous devons donc tous des secours mutuels. Si l'un a besoin de l'autre , tous doivent donc partager les avantages & les peines ; tous sont donc égaux , et la loi qui doit le consacrer , doit être une , soit qu'elle protège , soit qu'elle punisse ; base déjà reconnue et que nous devons immortaliser.

Et comme les armes de la vertu , mises dans des mains perverses , peuvent protéger le crime , l'homme de probité bien connu doit toujours être préféré , sur - tout pour les emplois , de l'exercice desquels dépend notre bonheur.

Par exemple , quel danger n'y auroit-il pas à appeller aux législatures , ou l'ignorance , ou l'intrigue ? Pour bien calculer ce qui peut être utile au bonheur de la société , il faut des lumières ; il en faut presqu'autant pour leur exécution ; il faut plus , il faut fuir ces funestes égoïstes , qui , ne consultant que leur intérêt personnel , s'abandonnent aux vils intriguans , qui , sous le masque du patriotisme , ne cherchent qu'à égarer et à s'enrichir des dépouilles du peuple.

Il faut donc respecter les propriétés morales et physiques de chacun.

Par exemple , sans le respect des propriétés, proprement dites, il n'y auroit plus rien de stable ; les talens , l'industrie, seroient anéantis , et la grande famille seroit bientôt détruite. Si l'objet de mes affections , ma femme et mes enfans , me condamnent à une vie laborieuse , le fruit de mes veilles ne doit point être pour le libertin oisif, qui ne songe , dans ses jouissances impures , qu'à troubler mon repos et la tranquillité publique.

Aussi, dans les siècles d'ignorance et de superstition , Licurgue , ce hardi législateur , n'a-t-il proposé la fatale loi agraire qu'en fuyant son pays, et qu'en endormant les Spartiates des révélations mensongères de l'oracle de Delphes…. Aussi ses successeurs en cherchèrent-ils un nouveau , celui de Pasiphaë…. aussi finirent-ils par périr tous.

Ce systême , tombeau véritable de l'émulation , n'a été praticable à Lacédémone , que parce que toutes ses forces étoient renfermées dans ses murs ; qu'hors la guerre , ses habitans vivoient dans la fénéantise ; que les Ilotes , leurs esclaves , étoient les seuls qui travailloient , et qu'enfin il n'y avoit qu'un même habit et une même table ; que jusqu'aux signes des richesses , tout en étoit bani.

Mais ce systême ne révolteroit-il pas notre égalité en droit, et la nécessité où sont 25 millions d'hommes d'habiter des lieux différens , et de travailler en raison du sol et des productions ? Il faut sans doute qu'une partie alimente l'autre ; mais la justice et la liberté veulent que la plus active reçoive le prix de ses peines , qu'elle en jouisse , et après elle, sa famille.

Sans cette protection absolue des loix pour les

propriétés personnelles , l'égalité ne seroit plus celle de la raison, mais elle porteroit le trouble, l'anarchie et le découragement dans toute la république.

Et dans la vérité , que deviendroit *la liberté ?* N'est-il pas de son essence de faire tout ce que la loi ne défend pas ? Mais si usant de ma liberté, j'acquiers , je dois conserver ; autrement cette liberté seroit un esclavage , et conséquemment une iniquité.

La liberté , on ne sauroit trop le répéter , ne doit avoir de bornes que celles posées par la loi. Nous devons tous lire l'évangile de notre foi politique dans ce précepte sacré , que le chef des hébreux nous a transmis : *Aimons Dieu par-dessus tout , et notre prochain , ou notre patrie comme nous-mêmes.* Libres de faire ce que la loi ne défend pas , nous devons nous aimer en frère , nous protéger, imiter les hommes vertueux, corriger ou éclairer les hommes égarés, respecter les personnes et les propriétés de chacun.

Sans ce respect religieux des personnes, où en serions-nous ? L'envie , la jalousie, les haines seroient autant d'obstacles, non-seulement à notre liberté, mais à notre sûreté. Au gré de l'une de ces passions infernales, pas un de nous ne pourroit compter sur sa vie.... *La loi doit donc bien marquer ce qu'elle entend par liberté et égalité.*

§. I I.

De l'exécution provisoire des loix.

Soit qu'un pays s'arrache à l'esclavage et reprenne sa liberté et ses droits , soit qu'il adopte une constitution ou qu'il s'en donne une nouvelle , comme la France va le faire, il est de la sagesse de ses délégués, de maintenir provisoirement l'exécution de ses anciennes loix. Le pays qui seroit un moment sans loix, deviendroit un cahos où l'anarchie, qui en est la production honteuse et sanguinaire, viendroit tout ravager.

Cette vérité, trop long-tems méconnue par l'assemblée constituante, a été saisie par la convention dès sa première séance. *Toutes les loix de France*, a-t-elle dit, *seront exécutées sans réserves, jusqu'à ce qu'il en soit autrement ordonné.*

Rien n'auroit altéré les heureux effets de cette loi sage et prévoyante, si un reste de la comotion du 10 août, n'avoit pas un moment égaré une certaine classe d'hommes ou ignorans ou ambitieux.

Mais en ce moment que tout renaît à l'ordre, il me semble que l'une de nos loix constitutionnelle doit être, qu'à l'instant même de l'organisation de chaque assemblée législative, le maintien et l'exécution sévère des loix existantes seront proclamés. La constitution, d'ailleurs, doit vouloir que tant qu'elles ne seront point abrogées, les loix de la république anciennes et nouvelles, seront exécutées ; soit que cette proclamation se fasse, soit qu'elle s'oublie involontairement. Cette dernière disposition pareroit aux desseins secrets des anarchistes.

§. I I I.

De la république, son unité et indivisibilité.

Tout avantageux que soit le gouvernement monarchique, dont le mouvement unique convient, disent nos politiques, à un grand empire, comme le monarque ne peut être qu'un homme, soumis à l'erreur, à la séduction, à la paresse, à l'ignorance et à l'intrigue, qui lui peignent le despotisme comme un attribut de la royauté ; que d'ailleurs un homme roi, est un monstre dans le pays de l'égalité, le gouvernement *républicain* que la convention a décrété, et dont les bases reposent sur les vertus, sera sans doute sanctionné par le *peuple*. Non, bien entendu, une république *fédérative*, qui exposeroit l'état aux factions et aux éternels tiraillements qui la minent et la détruisent ;

Mais une république *unique et indivisible*, conduite et *administrée* par des citoyens *vertueux* et *temporairement élus*.

L'horreur que nous avons tous des triumvirats, des tribunats, des dictatures et de tous les intrigans dictateurs, triumvirs et tribuns du monde, me dispense d'en parler.

Le monstre qui y prétendroit, mériteroit la mort la plus honteuse . . . . . Non, je me trompe, il ne seroit pas digne de mourir. Il conviendroit de le conserver soigneusement, un temps donné, exposé à la risée publique. Ce supplice est le seul qui convienne à la folie de l'ambition. Mais faites attention que je dis *un temps donné*, et non pas à perpétuité ; car dans le temps, je ne connois point de peines éternelles.

I V.

De l'Education nationale.

Comme les vertus sont l'apanage et la source fondamentale sur laquelle le pivot du gouvernement républicain doit mouvoir, et que ces vertus prennent naissance et se fortifient par l'instruction que l'on doit recevoir d'une bonne éducation nationale ; il me paroît sage d'en jeter les bases dans la constitution.

La principale doit être cimentée par les principes des bonnes mœurs publiques, sans lesquelles, l'histoire de tous les pays nous apprend, que les loix les plus sages sont impuissantes.

Par exemple, les instituteurs doivent veiller à graver dans le cœur de leurs élèves leur respect et leur soumission aux loix. L'inobservation des loix est le premier fléau qui ravage le pays le mieux civilisé d'ailleurs, l'avilit, le trouble et le détruit.

Ils doivent leur apprendre à se rendre dignes d'occuper toutes les places de la république, mais à ne les désirer jamais que pour le bonheur de leurs concitoyens, a n'y appeller que les hommes vertueux, et non les intriguans, qui, sous le nom de *vertueux qu'ils achetent*, distillent les poisons de la scélératesse.

Les instituteurs doivent être particulièrement occupés à inculquer à leurs élèves, non-seulement les *droits* de l'homme *qu'ils apprendront sans eux*, *mais les devoirs*, qu'ils *oublieroient même avec eux*.

Que ne puis-je donner pour exemple le village que j'ai habité deux mois cette année, (1) dans la classe des cultivateurs, dont l'ame aussi paisible que les champs qu'ils cultivent, et aussi pure que l'air qu'ils y respirent, ne leur laisse d'autre désir que de former de bons citoyens à l'état,.... On n'est jamais bon patriote, disent-ils, si on n'est pas bon mari, bon père et bon fils. L'enfant qui n'est point res-

____

(1) *Lucheux, District de Doullens, Département de la Somme.*

pectueux et aimant, est, pour eux, un monstre dans la nature.

Gouvernez bien d'abord votre petite famille, disent ces vertueux citoyens, rendez-la fidèle à la loi, vous saurez bientôt ce qui convient au bonheur de la république.....

L'éducation nationale doit-elle embrasser le culte religieux ? Cette grande question, est l'objet du §. suivant.

§. V.

Des religions, et de la liberté des Cultes.

N'importe laquelle, il en faut une. Sans religion, tout est perdu. Doit-elle entrer dans l'éducation nationale ?

Ici j'avoue ma perplexité. Si je ne consultois que mes principes en politique, je réduirois toutes les religions à *aimer mon pays*, et d'ailleurs, foible mortel, je n'irois pas plus loin, et je ne lirois pas dans l'immensité éternelle ce que ma myopie n'aperçoit pas.

Mais comme de grands philosophes ont prétendu que sans une religion céleste, il ne peut exister de bons gouvernemens civils, je vais d'abord raisonner d'après leurs principes, et ensuite je me permettrai d'exposer mon sentiment.

Si dans l'espèce humaine, il n'y avoit pas un germe de vice inexpugnable, si l'indolence des pères et mères, leur négligence, leur insouciance même, ne privoit pas les enfans de la connoissance des loix. Si leur exemple pervers, ne leur en apprenoit pas le mépris, *aimant dieu, son pays et son prochain*, on trouveroit un abris salutaire contre les passions et l'injustice ; et la religion universelle pourroit se borner à ce précepte.

Mais comme la perversité ferme l'oreille à cette grande maxime, il convient d'adopter une religion non-seulement à cause des *promesses certaines d'une autre vie*, mais à cause du gouvernement civil.

Syſtême de plusieurs philosophes.

Qui peut mieux faire respecter la loi, que la certitude de l'existence d'un Dieu qui voit tout et qui lit nos plus secrettes pensées ? Cette grande vérité suppléera, avec avantage, à l'insuffisance et à l'imprévoyance des loix qui, ouvrage des hommes, restent toujours enveloppées d'un voile plus ou moins épais.

Qui peut mieux que la religion intimider et rappeller l'homme coupable aux vertus ? Le plus grand scélérat, certain que Dieu lit dans les replis de son cœur, où la loi ne peut pénétrer, revient souvent à ses devoirs.

Il faut donc une religion ; elle est le pacte sacré qui nous unit à celui-là qui ne veut que le bien, et qui punit l'impunité des hommes.

« Les principes du christianisme bien gravés dans » le cœur, dit Montesquiou, sont infiniment plus » forts pour contenir les hommes, que le faux » honneur des monarchies, que les vertus humaines des républiques, et sur-tout que la » crainte servile des états despotiques ».

Et, dans la vérité, quelle est la religion qui tend le plus à la perfection humaine, et qui lie davantage les sociétés de la terre, si ce n'est la religion catholique ? L'apôtre Dieu qui l'a préchée sur la terre, n'en a-t-il pas marqué les préceptes de l'empreinte céleste dont elle émane ? Elle seule ne gouverneroit-elle pas notre république ? Tolérance , humanité , charité , respect des loix et des autorités , soumissions, fidélité.... n'est-ce pas-là le centre de toutes les vertus ?

Cependant comme la liberté des cultes est nécessaire à notre liberté civile , comme notre égalité en droit ne pourroit pas s'allier avec ceux qui n'ont pas reçu les lumières de l'évangile , si on proclamoit une religion, je ne serois point d'avis d'exclure les autres religions. Je dis même , que nous devons fraterniser et appeler aux places civiles le juif , le mahométan , comme le chrétien de toutes les sectes. Je dis plus , je dis que c'est plaire à celui qui nous a donné la catholique , parce que plus ils s'approcheront de ces derniers , plus leur conversion s'avancera.

Mais sans cet espoir *évangélique* , je dis qu'étant nos frères , puisque leur créateur est le nôtre , il ne doit point y avoir de distinction , et qu'ainsi liberté entière de religion doit faire partie de notre constitution.

Conséquemment je ne demande pas que la loi prononce une religion dominante , parce que d'ailleurs, ce seroit la commander , et l'homme n'a pas le droit de commander à ma conscience. Ce soin n'appartient qu'à dieu.

Mais que l'on ne s'y méprenne point : parce qu'il ne faut pas établir dans notre code de religion dominante , il ne s'ensuit pas , comme quelques philosophes modernes l'ont prétendu, que non-seulement on ne devoit plus salarier le culte catholique , mais qu'il ne falloit plus de culte public ; que cette publicité gênoit la liberté religieuse ; et qu'enfin on ne devoit plus enseigner aucune religion nationales : d'autres philosophes soutiennent le contraire.

Salaire

Salaire du culte catholique.

En salariant le culte catholique, il n'en résulte point de prédominance ; l'ignorance seule peut tirer cette conséquence : cet acquit est une dette sacrée que la nation doit et paye. Elle ne doit point ignorer que les biens immenses attachés à ce culte, ne viennent pas tous, à beaucoup près, de la munificence de nos anciens rois ; mais de la piété ou de l'erreur même des citoyens, qui, pour un *orémus*, concédoient à l'église tout ce que ses apôtres des premiers siècles leur demandoient.

Or, une nation qui, jouissant des biens de ce culte, ne le salariroit pas, feroit une usurpation. Cette idée révolte, et la loyauté des Français, et tous principes de justice.

Publicité des cultes.

Ceux-là se sont bien égarés, qui, dans leurs écrits sur le nouvel ordre social, ont prétendu que cette publicité résistoit à la perfection de la liberté religieuse . . . Pour être libre, disent-ils, il faut pouvoir choisir son prêtre . . . son autel . . . mieux est de le dresser dans le cœur.

Je conviens que le culte du cœur plaît essentiellement à celui qui en est l'objet, mais la publicité n'ôte rien de l'expression du cœur.

Ce culte uniquement mental, a l'inconvénient de ne point donner l'exemple, si nécessaire, des pratiques religieuses. Il n'éclaire pas sur la nécessité d'en admettre un ; il ne fait pas rougir l'athé. Pourquoi Licurgue, et tous les législateurs de l'antiquité, dont la vraie philosophie admire encore

B

le génie, ont-ils donné pour base de leurs institutions, une religion et un culte public ? C'est
qu'avant nous ils l'ont jugé nécessaire, et pour
Dieu qui aime l'offrande des hommes, et pour
les sociétés politiques, qui, sans religion, esclaves des crimes, déjà trop ordinaires dans ces sociétés, deviendroient bientôt des grands scélérats. Quand Rome méprisa ses Dieux, Rome
commença à périr.

Pour qu'un culte public gêne l'opinion religieuse,
pour qu'il domine, pour qu'il entraîne, (ce qui
ne seroit point un mal s'il devoit ces avantages à sa
morale) il faudroit qu'il fût exclusif ; mais tant qu'il
est libre, et que toutes les religions et leurs sectes
peuvent élever chacune leur autel, on n'aperçoit
pas comment le culte public peut gêner la liberté
religieuse.

Si l'on proposoit de maintenir les loix, qui dé-
fendent les entreprises ou les troubles de tels et
tels sectaires contre tels ou tels autres, on concilieroit l'intérêt incalculable de propager la nécessité d'une religion quelconque, à celui d'en laisser
libre le choix et l'exercice.

Toutes les religions *promettent une autre vie.* L'espoir des délices de l'éternité soutient l'homme dans
ses adversités, les lui fait surmonter, le console
de ses peines, lui fait aimer toutes les vertus morales, et par-dessus tout, le maintient sans cesse
dans l'obéissance aux loix. La crainte des châti-
mens éternels, le contient dans ses devoirs,
l'y rappelle, le fait fuir le crime, dont il est
sûr d'être puni avec sévérité par Dieu, en raison
même de la certitude qu'il auroit de ne pas l'être
des hommes.

La sagesse doit donc dire aux législateurs, que

sans religion, les hommes deviendroient des tigres, et trop souvent impunément.

Combien de coupables qui , sans la religion , auroient enseveli avec eux les complices des crimes les plus atroces ! Rejetons cette idée immorale et impolitique de supprimer la *faculté* des cultes publics.

Rejetons-la davantage : si nous considérons que cette suppression frapperoit , dans ses fondemens , la liberté des cultes religieux.... Quelle puissance peut légitimement m'empêcher de me rassembler avec mes frères dans un temple, une synagogue, une mosquée ou une église , pour chanter les louanges du Dieu que j'adore ! Où seroit donc la liberté !

Enseignement du culte dans les écoles nationales.

Je dis , *d'après les mêmes philosophes* , que le premier enseignement des écoles nationales doit être la religion , parce que résulte, de cette connoissance, l'élévation de l'âme de l'enfant, en qui la raison qui pointille le sépare de l'être brute dont il faisoit sa compagnie. Elle lui dit que, d'une autre essence , l'âme qui le meut est appelée à de grandes destinées. Son esprit vierge reçoit les empreintes ineffaçables des vertus nécessaires qui l'élèvent à Dieu, et ces vertus morales l'amènent infailliblement aux vertus sociales; l'homme religieux est bientôt l'homme de la patrie.

Mais , dira-t-on , comment enseigner la religion ? s'il n'y en avoit qu'une , cela seroit praticable ; mais dans une école où se rassembleront à la fois un chrétien romain, un grec, un juif, un mahométan , etc. il faudra donc des institutions pour chaque religion , et séparer les classes.

Je pourrois répondre à ma propre objection, que cela, un peu difficile, et peut-être plus coûteux, ne seroit point impossible, et qu'une législation sage ne doit rien épargner pour l'éducation morale, civile et physique des jeunes citoyens, qui, un jour, formeront la république.

Mais l'objection n'a aucune valeur pour les écoles où ces divers croyans ne se rencontreront pas : or, sur vingt-cinq écoles, je soutiens que vingt ne seront remplies que de catholiques, par la raison que sur vingt-cinq millions d'hommes, vingt millions professent la religion catholique.

Ce calcul, me dira-t-on, seroit exact, si cette portion de divers croyans étoit réunie, mais elle est éparse.

Dans les lieux où il y aura plusieurs écoles, et où il y aura un nombre suffisant d'enfans d'une telle religion, rien n'empêchera de les envoyer dans la même.

Où cela ne se trouvera pas, on professera la religion universelle, celle de l'existence d'un Dieu qui punit les méchans et récompense les bons.

Celle que tous les cultes, dont la loi ne juge pas la sainteté, sont permis ; que l'enseignement des préceptes ou des dogmes sont réservés à leurs parens ou aux ministres du culte qu'ils pourront toujours choisir.

Mais tel que soit leur enseignement à cet égard, ils doivent par-dessus tout, après Dieu qu'ils doivent adorer, l'obéissance absolue aux loix de la république.

Par ce moyen, on conciliera tout; ce que l'on doit à Dieu, ce que l'on doit à la liberté des cultes, et ce que l'on doit à la patrie, qui doit vouloir une religion quelconque.

Il conviendroit donc qu'après le 17e article de la déclaration des droits, on ajoutât, art. 18 (si même on ne le mettoit pas le deuxième.)

« L'homme tient son existence d'un Dieu. Le
» choix de sa religion ou de son culte privé ou
» public pour l'adorer, appartient à sa conscience.
» La société ne s'en occupe, que pour maintenir
» l'obéissance aux loix. »

Mon systéme.

Si tout ce que l'on vient de lire ne subjugue pas toutes les raisons, si même je ne m'y conforme pas, je le dois au génie magique de la révolution, qui s'est emparé de moi depuis le 22 avril 1789 : que les cloches des assemblées primaires ont écarté le nuage qui cachoit l'influence et les chaînes despotiques, et ont fait briller les premiers rayons de la liberté.

Flotant, malgré moi, entre les éceuils qu'offrent une liberté indéfinie et une liberté limitée sur les opinions religieuses, long-tems j'ai cru à tout ce que je viens d'écrire sur la nécessité d'un culte.

Encore tremblant sur les effets d'une nouvelle philosophie qui vient de dissiper les ténèbres épaises qui nous cachoient les vérités, et les avantages de notre liberté, j'ai peine à écarter tous mes doutes.

Cependant, sommes-nous libres ou ne le sommes nous pas ? si nous sommes libres, comme je n'en doute plus, cette liberté ne dois pas être restrainte. Je puis croire, *comme je le crois*, que notre exis-tence n'est pas l'ouvrage du *hasard*, mais bien celui d'un *Moteur* incompréhensible, que j'appelle *Dieu*.

Mais parce que telle est ma croyance, doit-elle être celle de tous mes associés ? Oui, si la république déclaroit qu'elle ne veut parmi elle que ceux qui reconnoîtront un Dieu.

Mais comme cette déclaration seroit impolitique ; que tous citoyens soumis aux lois de notre pays, peuvent réclamer leur agrégation, l'obligation de reconnoître un Dieu, seroit l'exclusion de ceux qui n'en reconnoissent pas : or, comme nous devons nous accorder avec nous-mêmes, au lieu de l'art. additionel proposé, il me semble que l'on pourroit y substituer celui-ci :

« L'homme existe par une volonté indépen-
» dante de lui. La raison qui le distingue des autres
» êtres créés, lui enseignera la religion et le culte
» qu'il croira devoir suivre. La société n'exige de
» lui qu'une parfaite soumission à la volonté
» générale, qui fait sa loi ».

Cette déclaration exprimera à tous la volonté de la société politique : et tous sauront que le seul culte qui leur est commandé, est une parfaite obéissance aux conditions du pacte social.

Cependant, législateurs, c'est à vous de choisir dans votre sagesse ce qui convient, je ne dis pas à l'esprit d'un petit nombre de philosophes, mais à la masse des citoyens de la république : c'est à vous de voir si avec nos grands sages du siècle, Montesquiou, Rousseau et autres, le frein religieux ne tient pas tout, et si vous y pouvez substituer celui de la philosophie actuelle, qui ne cornoît d'autre culte que l'amour de la patrie.

Je vous abandonne une grande tâche à remplir ; songez-y ! des rêves ne sont pas la réalité, et en médecins habiles, consultez d'abord le tempérament de vos malades.

§. V I.

Du Code civil.

La fin prématurée de notre session première législative, nous a empêché de compléter notre code civil. Chacun de nos collègues offriroit, sans-doute, la partie qu'il a faite, dont plusieurs étoient adoptées par le comité.

J'offrirois par exemple, pour ma part, tout l'ordre judiciaire, et un code formulaire qui devoient dériver du code civil; car, ce code lui-même devoit sortir du génie de notre constitution.

J'offrirois en outre un travail sur les enfans naturels, et un autre sur les substitutions.

Sur les enfans naturels, j'ai cherché à effacer jusqu'au nom *impropre* de bâtard, et à léur faire assurer un droit légal dans les biens de leurs auteurs. Pour en faciliter l'exercice, j'ai proposé d'anéantir ces formes difficiles et scandaleuses qui souvent les empêchoient d'atteindre au but de la nature, qui, en donnant l'existence, a toujours présuposé les moyens d'exister.

Mais toujours en garde contre les conceptions exagérées et philosophales, je n'ai pas voulu que le fruit d'une union désavouée par la loi, ait tous les avantages de celui qui naît sous la foi des contrats qu'elle permet; j'ai considéré que si l'enfant naturel doit recueillir une part distincte dans les biens de sa famille naturelle, il convenoit qu'elle fût moindre que celle des enfans légitimes; que s'il en étoit autrement, les *mœurs*, loin de se *purifier*, deviendroient l'avilissement des sociétés conjugales. Cessant cette société, la cohabitation des hommes n'auroit pas plus de mesure que celle des bêtes…. Or, je l'espère, cette idée immorale n'est pas faite pour les vertus républicaines.

A l'égard des *substitutions*, on verroit qu'autant je proposois d'abolir toutes les espèces de substitutions, connues dans le droit romain, et admises dans plusieurs de nos coutumes, autant la morale et la liberté même me faisoient adopter la seule *substitution officieuse du père aux petits-fils*, avec les modifications que la prévoyance des nécessités m'avoit suggérées ; je me complaisois à ne pas laisser le même espoir au fils libertin, dénaturé et prodigue, sur-tout lorsqu'il avoit des enfans, qu'au fils soumis, respectueux et aimant ; je croyois prévenir par-là le chagrin de l'ayeul, qui, en fermant les yeux, porte ses derniers regards sur ses descendans encore dans l'enfance, que son fils, dissipateur, condamne à la misère ; je croyois même éviter jusqu'à ces ventes simulées et autres actes frauduleux, qu'une loi trop gênante peut engendrer. Nos loix, me disois-je, ne doivent point contrarier la nature, ni la liberté. Or, l'impuissance, au père de famille, de ne pas sauver de la misère ses petits-fils, objet de ses affections, bien légitimes, est un outrage à la nature, et la prohibition trop générale de disposer de sa chose, est un outrage à la liberté.

Mais depuis le décret, qui abolit sans réserve jusqu'à ce seul et unique degré de substitution, je n'ai plus qu'à en désirer le rapport.

A l'égard du surplus du code civil, les bases de notre nouvelle constitution doivent le diriger ; et j'espère que si l'égalité restraint les facultés disponibles, et si les transmissions de propriété sont, désormais, l'ouvrage de la loi, et non celui des hommes, dont la volonté ne doit plus avoir tant d'empire après leur mort, la liberté

de disposer de sa chose , ne sera point entière-
ment anéantie. La liberté et l'égalité sont deux
sœurs qui doivent vivre d'intelligence. Si l'une ty-
rannisoit l'autre , il en résulteroit des maux qu'il
est sage de prévoir.

§. V I I.

De l'adoption.

Si on admet l'adoption , le principe doit en
être décrété constitutionellement , parce que
cette loi importante intéresse trop l'ordre des
sociétés partielles, et pourroit les ébranler dans
leur fondement, si elle n'avoit pas l'assentiment
général. Son régime ensuite doit faire partie du
code civil , parce que l'expérience forcera à des
variantes dont la loi, la plus prévoyante, ne ga-
rantira pas.

Mais l'adoption que la France avoit admise
sous la première race de ses rois et qu'elle a pros-
crite , si on en excepte la coutume de Xaintes,
qui l'a conservée sous le nom d'affiliation, entre-
t-elle dans le génie d'un gouvernement républicain? Voilà la question.

Telle qu'en soit la solution , ne doit-on pas au
moins différer d'en décréter le mode jusqu'après
nos loix sur les successions, les partages, les donna-
tions entre vifs ou testamentaires , sur les facultés
générales de tester , enfin sur les droits qui sollicitent l'humanité, en faveur des enfans naturels ?
je pencherois volontiers pour l'affirmative.

L'adoption, sainte dans ses effets, quand elle
aura pour but de soulager l'indigence , pourroit
être inutile, si par la faculté des dons, on pro-
duisoit les mêmes effets.

L'adoption est l'ouvrage de l'affection. Elle donne un père à celui qui n'en a pas de connu, mais quelle outrage ne fait-elle pas à la paternité indigente ? Mon fils ne portera plus mon nom parce que je suis pauvre ! Je pleure sur cette idée cruelle.

Si comme chez les Romains, nous étions environnés d'esclaves ou d'affranchis, l'adoption parleroit plus fortement à mon cœur ; mais dans un pays libre, inviter la fortune à mépriser l'indigence sous prétexte de la soulager, cette idée m'afflige.

La nature et la loi m'ont donné un nom, et la fortune vient me l'ôter. J'étois père, et je ne le suis plus. La loi, dans l'adoption, invite la piété filiale à outrager l'amour paternelle....

Dans un pays où les mœurs réunies des petites familles légitimes, forment les vertus de la société politique, on me fournit les moyens de mener une vie vagabonde et libertine ! O mœurs ! que deviendrez-vous ?

J'ose croire au surplus, que si l'adoption est admise, elle ne le sera jamais au préjudice des enfans légitimes. J'ose croire que si elle s'étend aude-là des enfans naturels, il faudra le concours de la volonté des pères et mères légitimes.

Que l'on ne pense pas que je veuille par là propager la puissance paternelle. Je sais que l'enfant majeur doit être libre ; mais je sens bien sensiblement, que cette liberté ne doit pas le conduire à déchirer les entrailles paternelles. Qu'un vil intérêt, ne doit point lui faire épouser le nom d'un Riche présomptueux ou barbare. Si je n'aimois plus mon fils ou mon père, je haïrois toute la nature : ma patrie même, je ne la servirois plus qu'en esclave. ... Ne le serois-je pas au moins des richesses qu'elle m'offriroit pour être enfant dénaturé ? Loin de nous cette grande erreur politique, que l'esprit de famille est contraire à la république. L'existence d'une famille chérie, exposera mille fois ma vie pour défendre le pays que j'habite avec elle, son bonheur sera le mien ; et qui est plus utile que le bonheur !

Hélas ! Je vois déjà Renaître l'adulation des grands. Déjà, j'aperçois l'Empire des richesses tyranniser les hommes ! La jeunesse sans expérience, esclave des passions, ne s'avilira-t-elle pas pour s'attacher un riche ? L'adoption de celui-ci, ne sera-t-elle pas le prix de quelques perfidies ? Que la patrie adopte l'indigence, voilà le devoir d'un père commun qui ne fait pas rougir les autres.

§. VIII.

Mode ou organisation d'un gouvernement républicain et représentatif. Division des pouvoirs.

Ce gouvernement essentiellement représentatif doit l'être de toute nécessité dans un pays dont la population est au moins de vingt-cinq millions. Nous l'avons établit, §. III. Cette représentation qui doit être une, doit-elle réunir tous les pouvoirs ? Je ne le crois pas ; il n'y a que le véritable souverain, je veux dire, le peuple qui réunisse et puisse réunir sans danger tous les pouvoirs.

Or le suprême et unique pouvoir est donc le peuple.

Mais ensuite son gouvernement exige la salutaire séparation des pouvoirs. Il n'y a pas de constitution, (porte celle de 1791) là où les pouvoirs ne sont pas séparés. Il faut bien se défendre de confier l'exécution de la loi à celui qui l'a faite : la raison nous suffit pour apprécier les dangers de cette confusion des pouvoirs. Les haines , les vangeances , le vil intérêt, seroient souvent les moteurs de nouvelles loix dont l'application directe seroit prévue.

Mais en combien de pouvoirs divisera-t-on notre gouvernement républicain ? J'espère démontrer que le nôtre doit continuer à l'être en trois , et qu'en cela, la constitution de 1791, reste sublime et bienfaisante.

Pouvoir législatif, pouvoir exécutif et pouvoir judiciaire.

On ne paroît vouloir toucher à cette division, qu'en ce qui concerne le pouvoir judiciaire dont on ne veut pas faire un pouvoir ; mais lorsque j'y serai, j'espère démontrer qu'on s'est trompé.

§. IX.

Du pouvoir suprême.

Ce pouvoir suprême , unique , appartient au peuple en nom collectif , et non à une fraction du peuple.

Une portion du peuple quelconque qui voudroit exercer la souveraineté , seroit coupable de crime de lèze - nation. (1)

Le peuple en masse , je veux dire les 25 millions, ou par eux dans leurs comices, ou par leurs représentans , a le droit imprescriptible de donner des loix , de sanctionner ou ratifier celles que ses représentans lui proposent ; de tout changer , même sa constitution.

----

(1) Éclairés le peuple, mais ne le flatez pas. Selon Platou, un peuple flaté est plus dangereux que les despotes gâtés par la flaterie.

Cette vérité éternelle, si heureusement sortie de l'oubli, ne doit plus être un problême.

Mais comment le peuple peut-il exercer cette puissance ? S'il faut le concours de tous, c'est dire qu'il ne l'exercera jamais, à moins que la constitution n'établisse le mode de l'exercer, sans qu'il puisse être confondu dans les entreprises insurrectionnelles.

Il convient donc que la constitution trace le mode, d'après lequel, sans appeler l'anarchie, le peuple exercera sès droits.

§. X.

De la sanction ou ratification du Peuple.

Le projet de constitution républicaine fini, la convention doit l'envoyer aux 85 départemens, ceux-ci aux districts, et ces derniers aux municipalités.

Chacune de ces municipalités doit s'assembler le même jour, et décider à la majorité, par oui ou non, si elle accepte tout ou partie de la constitution.

Comme il seroit absurde que cette majorité se déclara par le nombre des communes, puisque celle de Paris seule en feroit plus de 6000, et que les grandes villes en composeroient d'autres nombres proportionels, la majorité doit se compter à raison des populations.

Chaque assemblée primaire constatera donc le nombre des votans, et distinguera le nombre de ceux qui ont dit oui, de celui qui a dit non.

Ce recensement fait dans chaque district, résumé dans chaque département et vérifié à convention, sa majorité donnera la loi constitutionnelle.

Chacune de ces assemblées pourra ensuite proposer ce qui lui convient, soit à la place, soit par supplément, mais art. par art.

La convention y aura l'égard que le nombre exigera.

Mais sa majorité sera-t-elle de moitié, plus une ?
Voilà une grande question.

Que dans la convention assemblée, cette simple majorité fasse la loi : cela doit être ; parce que de l'Orient à l'Occident les volontés et les besoins de la répuplique, s'expliquent par l'organe de ses représentans réunis.

Mais que cette majorité fasse la loi aux assemblées primaires, qui, dans l'impossibilité de se communiquer leurs pensées, ne peuvent pas céder aux lumières qui n'ont pu les éclairer, cela ne peut être.

Il ne seroit pas juste que 43 départemens fissent la loi à 42. Quelle proportion adopter ; car il faut en déterminer une : la voici, selon moi, *les 4 cinquièmes*. La présomption de la plus grande utilité sera alors bien fondée ; d'ailleurs, dans une société politique, il faut bien se soumettre à la très-grande majorité, autrement nulle société ne pourroit exister.

Reste la composition de ces assemblées primaires. Qui y admettra-t-on ? naturellement les hommes, puisque cette portion jusqu'ici a toujours, et dans tous les pays, réuni plus de force et plus de lumières.

Que liés par toutes les affections à leurs femmes et à leurs enfans, ils balancent dans les destins de l'état, leurs intérêts, autant et plus que les leurs propres.

Cependant, seroit-il bien paradoxal d'y apeler les femmes et les filles de 21 ans accomplis?

Ce sexe, le bonheur et la consolation de notre vie privée, n'a-t-il pas autant de droit que nous à la loi ? La raison et le fait, n'en font pas un problême.

La loi est l'expression de la volonté générale,

et cependant en n'admettant que les hommes, elle forme à peine la moitié.

Si vous ôtez de ce nombre les célibataires, ces égoïstes *congelés*, qui ne doivent leur état qu'à leur animadversion pour le sexe, que reste-t-il pour protéger le sort des femmes, et sur-tout celui des filles? deux cinquièmes au plus. Voilà donc la loi qui frappe contre les filles et les femmes, l'ouvrage d'une fraction du peuple.

J'ignore si la philosophie républicaine ne doit point en ce moment faire justice de cette espèce d'esclavage, dans lequel nous tenons les femmes et les filles.

Pour ma part, je demande qu'elles y soient appelés, et que leurs voix soient comptées toutes les fois qu'il s'agira de loix constitutionnelles ; car pour tout le reste, je les rapelle au gouvernement intérieur de leurs maisons, et sur-tout à l'éducation physique et morale de leurs enfans.

§. X I.

Du changement des loix constitutionnelles ou des Insurrections.

Un peuple sage ne doit connoître que deux manières d'user de son droit imprescriptible, de changer sa constitution. Il en doit marquer le temps.

Le premier, pour jouir des résultats du progrès des lumières, doit être déterminé par la loi même pour revoir la constitution, et parer à l'imprévoyance de l'esprit humain, et subvenir aux besoins toujours renaissans de l'homme, cachés sous le voile de l'avenir.

Je pense que 10 ans, à partir du jour de la

promulgation, sont assez longs, sur-tout pour la première fois.

Mais en attendant cette révolution, et pendant son cours, je voudrois que chaque législature pût former un cahier des réformes à faire à la constitution. Mais bien entendu, ces vœux anticipés et seulement formés pour en mûrir l'utilité, n'altéreroient en rien la loi fondamentale jusqu'au moment de sa révision. Les dispositions contraires que portent les art. 5 et 6 du tit. 7 de notre constitution actuelle, doivent être réjetées. Elles ont l'inconvénient de retarder le progrès des lumières, et de diférer le plus parfait; ce qui est une offense aux vertus républicaines.

Lors des révisions, et même toutes les fois que l'on réforme une loi, au lieu de conserver tels et tels titres, chap. ou art. de l'ancienne, je voudrois que l'on l'abrogea en entier, et que l'on n'égara plus l'attention dans un dédale de loix. *Un code unique* étant plus aisément appris, sera mieux exécuté.

Le second, *la voie insurrectionnelle* seroit quand il plairoit au peuple souverain, mais d'une manière à ne pas la confondre avec l'anarchie ou la révolte.

A cet effet, dans une assemblée primaire annuelle, il y auroit une ratification avec les vœux des réformes crues nécessaires; mais ce vœu reporté au district, et de-là au département, attendroit silencieusement la majorité des communes de ce département, avant que d'être envoyé à l'assemblée législative, qui seule le feroit passer aux autres départemens.

Ce moyen, rigidement employé, concilieroit les droits imprescriptibles du peuple souverain, sans compromettre la tranquillité publique; car, ne nous y méprenons pas, si l'insurrection spontanée

du

du 10 août, nous promet la félicité publique; toutes autres seroient un fléau. D'ailleurs, un état bien organisé n'en doit point souffrir de partielles, mais seulement de générales.

Or, elle aura ce caractère en adoptant le mode que je viens d'indiquer, ou un meilleur.

§. XII.

Du pouvoir législatif.

Le pouvoir législatif, doit être représentatif, puisque l'on ne peut contester qu'il y a impossibilité morale et presque physique , que 25 millions d'hommes se rassemblent et s'entendent.

Cette représentation doit être d'une seule assemblée permanente , d'un nombre de délégués de chaque département, déterminé à raison de la population de chacun.

Comme on le voit, je ne voudrois plus que l'on considérât le territoire ni les contributions , à mon avis, cette idée matérielle ramène cette influence aristocratique des richesses que l'on doit craindre : elle résiste d'ailleurs au principe fondamental des loix. La loi n'est autre chose que l'expression de la volonté générale; les hommes seuls, et non les territoires, et non les richesses peuvent, et doivent l'exprimer.

L'assemblée de ces hommes délégués, organisée pour faire les loix, continuera à s'appeller nationale.

Je dis que cette assemblée fera des loix, par ce que je démontrerai bientôt qu'ils doivent les faire, qu'il n'y aura que les constitutionelles qu'ils proposeront et qui seront soumises à la sanction du peuple.

Deux ans, même moins, s'il étoit possible, doivent servir de limites à chaque session.

Mais comme tous les deux ans, on seroit assugetti aux inconvéniens incalculables de l'inexpérience, si tous les représentans étoient renouvellés, que d'ailleurs il convient de parer aux intrigues qui pourroient perpétuer les mêmes sujets, la constitution doit vouloir, qu'à chaque élection, les départemens soient tenus de réélire un de leurs députés actuels.

Cette disposition sera un grand motif d'attachement au bien public, pour les députés qui auront l'espoir de voir récompenser leurs patriotisme par cette réélection.

Les autres n'en recevront pas d'offense, puisqu'il y aura impossibilité de les renommer tous.

Mais comme sous le masque du patriotisme et de la vertu, l'intrigue pourroit se cacher, la loi ne permettra pas d'être appellé à plus de deux sessions successives, elle marquera un intervalle.

Or à cette 3me. session, si les premiers non réélus, ont bien mérité, ils pourront être rappellés.

De l'autorité des décrets.

Il seroit à désirer que l'on pût donner à toutes les loix un même caractère de stabilité, mais comme cela est impraticable, on doit statuer dans la constitution, que toutes les loix que l'assemblée rendra à la majorité absolue des suffrages, seront exécutoires par provision. Mais elles ne seront jamais décrétées dans la séance où elles auront été proposées. Trois ajournemens les muriront et les défendront de l'enthousiasme, qui ne devroit jamais atteindre des législateurs , et pareront à l'inconvénient dangereux qui résulte des rapports des décrets : que l'on ne cherche plus à cacher ces dangers sous le voile d'un hommage de l'amour propre à la vérité, parce que ce petit subterfuge ne séduit pas la raison d'un commettant qui a cru déléguer la sagesse.

Quand il s'agira, comme en ce moment, d'une nouvelle constitution, l'exécution définitive sera soumise à la sanction ou ratification du peuple.

Mais pour toutes les autres loix qui en dériveront, et que l'on appelle réglémentaires, elles seront définitivement exécutées , sans qu'il soit besoin de cette ratification populaire.

S'il en étoit autrement , on conçoit que la marche de l'administration seroit paralysée.

Mais par exemple, comme il est de l'essence d'une bonne loi, non pas seulement d'être juste, mais d'être facile à exécuter, si le pouvoir exécutif proposoit des observations bien motivées contre cette facile exécution, d'une loi et même contre son injustice, il me semble qu'il seroit sage de soumettre ses observations à une nouvelle discussion : on ne doit pas nier qu'en général, celui-là qui exécute la loi , en aperçoit mieux les avantages ou les inconvéniens.

Bien entendu que provisoirement, si elle étoit déclarée urgente, le pouvoir exécutif n'en pourroit pas retarder l'exécution.

Chaque membre de l'assemblée auroit toujours le droit d'en demander le rapport, mais si sa proposition n'étoit point à l'instant appuyée par trois membres avec motifs qu'ils seroient tenus de préciser , elle seroit rejettée.

§. XIII.

Du pouvoir exécutif, et de la promulgation des loix.

Peut-être pourroit-on proposer de choisir le pouvoir exécutif dans l'assemblée législative, mais ce mode auroit des dangers.

Le premier, celui d'entraîner la confusion des pouvoirs : je l'ai déjà dit, je ne vois point de constitution, ni de stabilité dans un gouvernement où les pouvoirs ne sont pas séparés et très-indépendans.

Le second, c'est que ce pouvoir ne seroit plus l'ouvrage immédiat du peuple.

L'idée naturelle qui se présente, seroit de prendre un citoyen de chaque département.

Paris, par exemple, à cause de sa grande population, comparé avec le plus fort, en donneroit deux, ce qui feroit 85.

Mais on sent que les rouages de la grande machine du pouvoir exécutif, seroient trop multipliés, et qu'ils pourroient s'entrechoquer dans le moment où il ne faut que des vibrations isochrones.

Pour parer à cet inconvénient, je propose pour la première fois 85, ou si l'on veut 84 députés *ad hoc*, que 21 seulement désignés par le sort exercent sous leur responsabilité, pendant cette session.

Qu'à la prochaine, les 21 départemens qui auroient fournis, soient ôtés de la roue, et que le reste tire, et ainsi successivement.

Ce mode offre la plus parfaite égalité. Mais si l'inexpérience des nouveaux élus peut nuire à la législature, et s'il faut en conserver des anciens comme je l'ai prouvé, cela est encore plus im-

portant pour la partie exécutive. La raison le dit:
je propose alors, qu'à chaque mutation ou re-
nouvellement, sept membres de l'ancien pouvoir restent pendant trois mois pour éclairer les
nouveaux et ne pas laisser ralentir les mouvemens,
et que ces sept soient choisis par le sort dans les
vingt-un sortant.

C'est au nom de la nation, seule souveraine,
que les loix doivent être publiées. Mais cet acte
appartient au pouvoir exécutif, il n'est pas même
de la dignité suprême de se mêler de l'exécution:
la première représentation nationale doit seulement la surveiller. Le compte devroit lui en être
rendu tous les huit jours.

§. X I V.

Du pouvoir judiciaire. Sa nouvelle organisation.

On prétend ici que notre constitution, avare de
principes et de distinctions, doit se réduire à deux;
puissance qui veut et qui fait les loix ; puissance
qui a l'action, et qui exécute. Mais on ne veut
plus du pouvoir judiciaire. On se fonde sur ce
que les magistrats ont été les plus grands fléaux
de la société.... sur ce que la fonction de juger
n'est qu'une branche du pouvoir exécutif; qu'il
ne faut pas de tribunaux, mais seulement des arbitres.

En peu de lignes, comme on le voit, on propose
de grands renversemens.

Si l'exercice de la justice n'est point un pouvoir, parce qu'il est une branche de l'exécution
des loix, on pourroit dire ici que cette *exécution*
n'est pas non plus un *pouvoir*, parce qu'elle est

une émanation de l'unique souveraine puissance, qui *veut* et donne des loix.

Mais moi, je dis que le pouvoir souverain qui réside dans la nation qui veut ses loix... crée et distingue le pouvoir exécutif du pouvoir judiciaire..... qu'il le doit vouloir ainsi.

Par rapport à la justice, il seroit monstrueux que le pouvoir exécutif qui veille à ce qu'elle soit rendue, eût le pouvoir de la rendre... Celui qui la rend, est un pouvoir indépendant de celui qui y veille; autrement le pouvoir exécutif pourroit vouloir là, l'activité de la justice, et là, son silence.

Que des magistrats inamovibles deviennent des petits despotes et des tyrans; cela n'a eu que trop d'exemples. Mais cette crainte s'évanouit avec leur amovibilité.... Il en est de même au regard, non pas de ceux qu'on appelle hommes de loi; car il n'est pas vrai que les anciens avocats, en général, aient été les vautours de la substance des peuples... Ceux que les avoués représentent en étoient davantage accusés.... mais c'étoit plutôt la faute des loix, que celle de leur avidité... Il n'y a que l'ignorance qui n'avoue pas que le procureur étoit commandé, dans sa marche, par les loix formulaires, qui étoient autant de loix fiscales...... simplifiez votre code formulaire, et n'en laissez que ce qu'il faut pour constater la demande et la juste défense, vous atteindrez le but que l'on doit se proposer dans l'ordre judiciaire.

Que s'il en est besoin, les agens secondaires de la justice soient salariés par la nation, et que pour indemniser le trésor public, celui qui succombe paye une amende, vous verrez une grande économie pour les plaideurs, et une richesse pour la nation (1).

Mais que vous vouliez faire rendre la justice par des arbitres volontaires ou forcés, vous voulez trouver la pierre philosophale, et je vous prédis que d'un siècle, vous ne pourrez fouiller la carrière où cette pierre magique est cachée, et dont les rêveurs seuls n'ont encore que soupçonné l'existence, malgré toutes leurs opérations spagyriques. Expliquons-nous.

Les arbitres volontaires ne regardent point la loi qui doit se contenter de les protéger.

Les arbitres forcés ne sont autre chose que des juges. Ce n'est donc que changer les noms. L'avantage n'est pas précieux. Novateurs inutiles ! comment parviendrez-vous à me contraindre à me faire nommer un arbitre ? par des demandes, par des jugemens ; et si vous me contraignez , vous ôtez à l'arbitrage son essence conciliatrice.

Il n'est pas question, dans les juges, de donner des interprêtes des loix , mais des applicateurs de la loi. Les arbitres pourroient-ils transiger avec la loi ? Non, ou le danger de leur existence seroit le même. Il seroit plus grand, puisque les arbitres , presque toujours ignorans , ne sauroient pas même où trouver la loi à appliquer.

Qui d'ailleurs jugeroit les erreurs de ces arbitres ? Il faudroit au moins des tribunaux pour les redresser, et je pense fermement qu'ils seroient grandement occupés.

N'a-t-on pas déjà vu les lenteurs et les abus des tribunaux de famille ? Ces arbitres parens ne sont-ils pas tous les jours les parties, plutôt que les juges arbitres ? J'en ai présidé plusieurs , et je

____

(1) Ce travail important devoit être présenté par moi à l'assemblée législative.

voyois, dans les arbitres, des défenseurs officieux et trop officieux.

Il n'en étoit pas autrement, dit-on, à la naissance des sociétés. On s'en rapportoit à l'autorité de l'âge et de l'expérience..... mais on ne s'aperçoit pas qu'on en donne la raison d'alors.... celle... *qu'il n'y avoit d'autre code civil que la raison humaine*... Or, ici n'y a-t-il que ce code ?... Déja, depuis le 21 septembre, n'en avez-vous pas créés plusieurs volumes ?... L'assemblée législative n'en a-t-elle pas créés douze volumes, et l'assemblée constituante plus de trente ? N'en reste-t-il pas quelques milliers des anciennes loix ?

Vous abrogerez toutes ces loix, mais vous en créerez de nouvelles. Vous en réduirez le nombre, je l'espère, mais je vous annonce d'avance plusieurs volumes. Soyez concis, c'est mon vœu. Mais que vos arbitres les entendent ces loix, que vos juges mêmes les connoissent (si votre intérêt ne vous les fait pas choisir dans ceux qui les étudient,) je vous attends-là. La philosophie qui calcule les facultés humaines est sage, mais la philosophie, toute spéculative, et qui ne fait que rêver aux théories, sans consulter l'expérience ou la pratique, est plus dangereuse que les *aristocrates* les plus effrénés.

Des juges de paix.

Ici on demande des juges de paix... et moi aussi j'en demande, et moi aussi je demande une plus forte compétence à ces juges ... Celle qu'on leur a donnée est illusoire, et en contradiction avec elle-même (1).

_____

(1) J'ai fait une organisation nouvelle de cette justice qui devoit être présentée à l'assemblée législative. J'engageois l'ignorance a ne plus accepter les places de Juges. Je les soumettois à des conditions d'éligibilité.

Mais à cette classe de conciliateurs plutôt que de juges, non-seulement je leur refusois la connoissance des affaires criminelles, je demandois qu'on leur ôtât la police correctionnelle. L'œil sévère d'un juge criminel ou de police, ne convient point au caractère d'un juge de paix. Ce père de famille ne doit rien avoir à corriger. La verge qui corrige, ne peut point offrir les sacrifices de l'intérêt civil. Au criminel, la loi lui défend de pardonner, et au civil, la loi doit vouloir qu'il transige tout, et qu'il ne juge que quand il a épuisé les voies de conciliations.... Ici plusieurs paradoxes se présentent... mais en vérité, je ne les refuterai pas...

Voici, à mon sens, les *bases de notre nouvel ordre judiciaire.*

Des arbitres volontaires, quand on voudra, sans ou avec appel.

Tribunaux de familles pour tous les démêlés domestiques, des pères et des mères, enfans et tuteurs, des héritiers, des maris et des femmes.

Bureaux de paix pour chercher d'abord à tout concilier.

Justice de paix pour toutes les actions personnelles, réelles ou mixtes, en dernier ressort, jusqu'à 500 l., et à la charge de l'appel jusqu'à 1000.

Alors, deux assesseurs salariés, vu l'immensité de leurs travaux et les refus connus de ceux actuels.

Au juge de paix seul, les scellés, les inventaires, les tutelles, curatelles et interdictions. etc

Justice de district pour tout ce qui n'est point donné aux justices de paix.

Plus de distinctions entre tribunaux et justices : tout, *justice.*

Un tribunal d'appel ambulant, et tour-à-tour

formé des juges des districts , où ce tribunal n'ira pas juger les appels.

Point d'appels au-dessous d'un intérêt de 1000 liv.

Sur le tout, et pour gouverner tout, un code civil formulaire clair et simple.

Par exemple, un simple acte d'appel et une simple citation , faculté d'un simple mémoire préalablement communiqué ; mais plus de procédures ni d'écrits en cause d'appel.

En première instance , après le certificat de non conciliation , citation , présentation , défense verbale. Si elle est écrite, réponse et réplique : avenir ou sommation pour plaider.

Plus d'inventaires , plus de salvations , plus d'avertissemens , en un mot plus d'épices , plus de procès par écrit.

Exécution. Simples actes avec des délais. Plus de poursuites de saisies réelles , plus de beaux judiciaires, plus d'ordre , etc. Simple distribution sur émargement.

Un tarif. Tant par cause.

Ces loix , je les ai préparées pour l'assemblée législatives , elles n'ont sans doute d'autres mérite que celui de l'expérience.

Mais cette expérience m'a fait connoître la chimère de la justice arbitrale.

Et que jamais , non jamais , des arbitres ne pourront empêcher les incidens des procédures indispensables. Exemple :

Des arbitres sauront-ils , sans une étude impossible , procéder et juger dans les cas appelés exceptions , je veux dire :

Délais pour délibérer et prises de qualités.

Garanties dans toutes ses ramifications.

Distributions et ordres.

Visites expertisses.

Vérifications d'écritures , inscriptions de faux.
Enquêtes , etc , etc.

Un tribunal criminel au moins par département.

Ne nous battons pas les flancs!, et ne nous échauffons pas avec les grands mots d'une théorie ignorante. Il est une perfection outrée qui devient un vice , sur-tout lorsqu'elle sort des idées reçues , et qu'une éducation préliminaire n'a point préparée.

§. X V.

De la capacité des citoyens pour les emplois publics.

1°. *Ages requis.*

Tout homme qui aura atteint l'âge prescrit par la loi , doit, *sans distinction , de ce qu'il paye ou ne paye pas de contribution* , être appelé aux emplois publics , si d'ailleurs ses talens et ses vertus l'en rendent digne. L'égalité des droits , qui sera la base de notre constitution , ne permet pas d'élever de doute sur cette proposition ; désormais la richesse n'aura plus de préférence , **que** celle au-dessus de tout , de soulager l'indigence.

Mais c'est à la constitution à fixer cet âge , qui doit varier en raison de l'importance de l'emploi et des lumières , plus ou moins étendues que l'exercice de ces emplois présupposent.

Ici , il me paroît nécessaire de ne pas nous laisser aveugler par les élans d'une fausse activité , ni par l'impulsion d'une plus fausse philosophie.

Jusqu'à ce qu'une bonne éducation nationale ait formé notre jeune génération , et déployé les grands ressorts du véritable esprit public ; voici , selon moi , l'âge graduel où nous devons supposer les qualités nécessaires pour occuper les places.

Pour servir la patrie sous les armes, une force physique suffit. On peut être appelé a cet honneur dès l'âge de 16 ans accomplis... hors les cas pressans, j'exigerois 18 ans.

Pour la première activité civile, le droit de voter dans les assemblées primaires, 21 ans.

Pour aliéner sa personne par mariage, et ses biens par vente ou hypothèque, 25 ans.

Pour tous les emplois publics, hors ceux dont je vais parler, même âge.

Pour juger de nos vies, mœurs et propriétés, 30 ans.

Pour nous donner des loix, ou les faire exécuter, 40 ans.

Cette graduation d'âge, gradue nos lumières, notre théorie et notre expérience.

Les hommes de 21 ans, sans prétentions, novices encore et pleins du feu pur de l'innocence, ne choisissent que pour le bien.

Vingt-cinq ans ne sont pas trop pour se défendre de l'erreur et de la séduction, ou de l'influence des premières passions qui nous aveuglent sur l'intérêt public, et plus encore sur notre intérêt personnel. Le premier regard séduisant d'une courtisanne peut, en nous la donnant pour épouse, empoisonner, sans remède, les sources de notre génération, et au premier appas des traits de la vanité, on peut aliéner l'aliment et le soutien de sa vieillesse.

Trente ans ne sont pas trop pour calculer mûrement l'influence des passions ; pour saisir l'esprit et même la lettre de nos loix, et sur-tout pour en déclarer la juste application, et ainsi administrer nos personnes et nos biens.

Quarante ans enfin, pour combiner les loix qui

doivent nous gouverner, ou pour en maintenir la juste et sévère exécution , et sur-tout pour nous défendre des pièges de l'ambition , de l'intrigue , et des autres vices qui ne triomphent que trop souvent de nos premières vertus.

J'insiste de toutes mes forces pour que les mandataires des législatures , et de l'exécution des loix, ne soient admis qu'à 40 ans. Jeunesse bouillante, calmez votre effervescence ; c'est autant votre gloire que je veux , que le bonheur de ma patrie.

Les loix et leur exécution doivent également être l'ouvrage d'une théorie profonde et d'une expérience consommée. Ces grandes et sublimes fonctions n'appartiennent qu'à des hommes dégagés des passions ambitieuses ou perfides ; d'ailleurs à 40 ans , votre fortune particulière arrive au degré que vous avez pu espérer; vous êtes tranquille sur les premiers besoins de votre famille ; là où ces besoins sont moins pressans , l'intrigue, l'ambition , toutes les séductions arrivent plus difficilement.

D'ailleurs , à cet âge , vous apportez à la loi les résultats de la connoissance que vous avez des mœurs , des vices , des vertus , des inconvéniens et des abus des loix existantes, ou de leur exécution , et dans vos études théoriques , et dans l'exercice des autres emplois publics que vous avez eu le tems de parcourir.

A 40 ans , l'ityphalle des anciens est inutile pour se *défendre* des mauvais desseins; la sagesse et le calme ferment les issues à l'enthousiasme si fatal, à l'intrigue meurtrière, à la corruption qui pestilencie tout; comme je l'ai déjà dit , bon mari, bon père , bon fils , on est nécessairement bon citoyen, bon législateur , ou bon exécuteur de la loi.

Dans des vues plus vastes et plus prévoyantes ,

on réduit plus facilement le code des loix. Plus il est concis, plus il est appris, plus il est observé.

En un mot, cette moisson abondante de vos observations et de vos études que vous apportez sur l'autel de la patrie, sert à renouveller les germes du bonheur public, et votre vieillesse, à son tour, en retirera la gloire et les fruits.

Quand j'ai dit en commençant ce §., que tous citoyens ayant l'âge requis, devoient participer à l'activité publique, on conçoit que je n'ai point entendu d'exception.

2°. *Des domestiques.*

Il en existe pourtant encore une qui me blesse, c'est celle concernant ces citoyens qui travaillent dans l'intérieur des maisons, et que le *domus* des latins nous a fait appeller *domestiques*.

Je voudrois bien savoir en bonne logique, si le citoyen qui fait mes travaux intérieurs, moyennant sa nourriture et une paye, ou moyennant une paye pour tout, comme il y en a beaucoup, est plus mon esclave que le journalier, l'artisan et l'artiste, qui, moyennant une paye me font un habit, une pendule, cultivent mon champ, bâtissent ma maison, font mon portrait? Ces derniers qui donnent au vice les traits de la vertu, ne sont-ils pas esclaves de l'or qui en est le prix! Les juristes qui écrivent mes mensonges et les débitent, ne sont-ils pas plus esclaves que l'homme simple et pur qui reste chez moi, tant que nous nous convenons!

Il faut tous nous entr'aider : si je veillis dans l'ombre du cabinet, il convient que quelqu'un prépare mes restaurans. Et cet homme de qui dépend ma vie et ma fortune, ne seroit point appellé, comme ceux qui s'occupent de nos plaisirs ou de nos affaires privées ou publiques ! Cela résiste à la raison et blesse l'égalité en droit.

La seule objection qui retient au premier coup d'œil, est celle que l'ouvrier de la maison, ou le domestique, dans une assemblée primaire n'osera pas me refuser son suffrage.

D'abord je réponds, pourquoi cet homme libre de rester, craindroit de me refuser sa voix; et pourquoi je ne craindrois pas de ne pas lui donner la mienne ? Notre commune habitation, cesse lorsque l'un est mécontent de l'autre.

D'ailleurs, le scrutin étant secret, rien ne dit que nous nous sommes refusés nos suffrages.

Contre toutes morales, contre la politique, établiroit-on le scrutin à haute voix dans les assemblées primaires : pourquoi lui et moi, nous donnerions-nous nos voix! L'idée de foiblesse, de séduction, de servile complaisance, nous le feroit refuser l'un à l'autre, et même de concert.

Mais qui peut donc mieux juger les mœurs et la probité de l'homme, que celui qui le voit à tout moment et à nud ? Les domestiques feroient souvent tomber le masque hypocrite qui dérobe à la société de grands vices!

Je soutiens donc que si l'égalité en droit n'est point une chimère, on n'imprime plus l'idée d'esclavage sur le front de personne, tel métier profession, art ou service qu'il fasse.

La loi étant le résultat de la volonté générale, on ne pourra plus la présumer, si une classe d'homme ni concouroit pas. Si la loi n'est pas l'ouvrage de ma volonté directe ou par mes délégués, je ne dois point y être soumis.

3°. *Des faillis ou banqueroutiers.*

Grande différence à faire entre les faillis et les banqueroutiers. Ces derniers ne doivent point être admis à l'activité politique, à moins qu'ils n'aient été réhabilités.

Mais à l'égard des faillis, l'obligation de rapporter l'acquit total de leurs dettes, prescrite art. 5. sect. 2. ch. 1er. tit. 3. de la constitution, est injuste; c'est les esclure à jamais. Comment veut-on qu'un citoyen, volé, pillé, ou si l'on veut même trompé dans ses spéculations, mais de bonne foi, obligé de faillir parce que d'autres lui ont fait banqueroute, puisse payer tout ! Il doit suffir qu'il paye l'objet convenu dans le pacte passé, avec ses créanciers ou jugé avec eux, autrement la loi ne distingueroit pas le malheureux du fripon. *Voyez mesloix criminelles*

§. XVI.

Suite du précédent §. , et mode d'élection aux législatures, etc.

1°. *Choix des députés par toute la république.*

Quoique je ne doute pas que chaque département renferme dans son sein un nombre suffisant d'hommes capables, la faculté que je propose d'accorder à chacun, de choisir ses députés dans toute la république, me paroît juste et du plus grand intérêt.

Juste, en ce que la France n'est véritablement qu'une même famille, et que sa division en 84 départements, n'est relative qu'à son active administration.

Juste, en ce que cette faculté est la conséquence nécessaire de la liberté d'opinion, et de la confiance que l'on commande difficilement.

Intéressante, en ce qu'elle donne l'espoir,

presque

presque certain , d'obtenir des lumières supé-
rieures.

Pour peu que l'on se mette en garde contre ces
caméléons presqu'inexpugnables, qui, sous l'em-
blême de la vertu, cachent les intrigans les plus
flagorneurs, les plus lâches et les plus vils , pour
être ainsi appellés de tous les points de la république, il faudra qu'une renommée constante et
fidèle ait donné des preuves multipliées des talens
et des vertus; et l'hommage qui leur sera ainsi
rendu, les propagera en les encourageant. Ces
chenilles ambitieuses et intrigantes seront écra-
sées , et la vertu toujours timide , ne redoutera
plus leur haleine infecte.

Cependant , il conviendroit de limiter cette
faculté , par exemple , à un quart, et que les
3 autres quarts fussent pris dans le département.
Par ce moyen, on recueilleroit les connoissances
locales , et les besoins individuels ne seroient
point négligés.

Mais dans tous les cas , on ne doit point oublier
qu'il ne faut élire que des hommes à la fois vertueux et capables. L'homme capable , sans vertus,
est dangereux; l'homme vertueux, sans capacités ,
est presque nul. Des deux imperfections , je
préférerois pourtant la dernière.

2°. *Des étrangers.*

Quand je demande la faculté de choisir par-tout,
je prie de remarquer que je veux dire dans tous
les départemens, et des Français.

Que l'on demande aux étrangers toutes leurs lumières et leur suffrage consultatif, la sagesse et
l'intérêt de notre patrie, le sollicitent; mais non
leur suffrage délibérant.

Il me paroîtroit impolitique et même absurde
de faire concourir à nos loix, des étrangers, qui

D

d'une part n'y seroient jamais soumis, et qui d'une autre, pourroient faire craindre l'influence de leur cour.

Je le demande : un Anglais législateur Français pourroit-il, de bonne foi, et sans trahir sa propre patrie, voter la paix ou la guerre contre son pays ?

Les députés doivent donc être nés Français ou au moins naturalisés, et avoir depuis un an, au moins, prêté le serment civique.

3°. *Mode d'élection des députés aux législatures.*

Pour élire les députés aux législatures, conservera-t-on les chambres électorales, ou bien les communes nommeront-elles directement ?

Au premier coup-d'œil, lorsque l'on aperçoit 40000 municipalités et plus dans la république, il semble que les chambres électorales soient indispensables. Beaucoup de villageois ne connoissent pas par eux-mêmes les hommes de mérite ; un seul homme séduit parmi eux, peut, sans effort, capter toute l'assemblée, qui confiante dans ses assertions mensongères, ne votera que d'après lui. Au lieu que dans les chambres électorales, si quelques intrigans prônent le vice, des hommes éclairés peuvent le démasquer, et en un moment l'élite de 4 à 500 municipalités, dont chaque département est composé, peuvent conférer et s'entraider sur les choix qu'ils doivent faire, et alors il est difficile que l'intrigant puisse réussir. Je conviens que cela pourroit être ; *on sçait si cela est....*

Quoiqu'il en soit, il faut en cette occasion difficile, comme dans toutes les autres, se ralier autour des principes, qui pour le bonheur de tous, ne doivent jamais céder ; et d'après eux, on conviendra que la volonté générale devant être le

(51)

résultat de la majorité des volontés individuelles, cette volonté ne peut et ne doit s'exprimer par délégation.

Cependant, me dira-t-on, sans ce mode d'exprimer la volonté générale, il n'y auroit pas d'assemblée nationale, et tout au plus sa mission se borneroit à faire le recensement des volontés partielles.

Mais on conçoit qu'il n'y a pas de parité. L'assemblée nationale porte directement le vœu de ses commettans, et les chambres électorales ne sont instituées que pour déléguer à d'autres, ce qui résiste aux principes des mandats.

Du reste, il faut convenir que toutes les fois qu'il sera question de la constitution d'un pays, la représentation nationale n'aura que le recensement des volontés individuelles.

Mais lorsqu'il ne sera question que de loix réglémentaires, qui doivent toutes dériver de cette constitution, on sent qu'une population de 25 millions d'hommes, doit davantage accorder à sa représentation, et c'est ce que la constitution de 1791 a voulu.

On me dira qu'elle a aussi voulu des chambres électorales, et j'en conviendrai.

Mais je répondrai, que c'est là un de ses vices qu'il faut extirper; elle ne l'a ainsi voulu, que parce qu'elle avoit pensé que 40000 municipalités étoient indispensables, et qu'elle croyoit impossible de les faire participer aux nominations qui nous occupent, autrement que par une première délégation.

En cela, elle a donc forcément contrarié le principe, que des délégués doivent agir en personne, et non par délégation secondaire.

En cela, elle s'est égarée dans ses divisions des pouvoirs. Autant 83 départemens étoient bien ima-

ginés pour faciliter l'activité de l'administration générale, sans leur donner une trop forte puissance,
autant ensuite elle a trop divisé les districts, et
sur-tout les cantons, et plus encore les municipalités.

Par occasion, je dirai ici, que tout en conser-
vant la division salutaire des départemens, celle
des municipalités doit être restreinte : ces millers
de rouages gênent le mouvement unique. Il ne
faut plus dans chaque département que les districts qui y sont, en calculant mieux leur arrondissement, qui, dans de certaines parties, se sentent
de l'influence de l'intrigue ; et une municipalité
centrale dans chaque chef-lieu de canton, de manière, qu'au lieu de 40000, et plus, on pourra
efficacement les réduire a 3000, et peut-être
moins. Chaque municipalité alors réunira plus de
lumières et une surveillance plus utile.

Cela posé, et même pour cette fois, en l'état
où sont les choses, je ne vois plus d'inconvénient
à laisser élire directement les assemblées primaires,
et à anéantir les chambres électorales, *qui, d'ailleurs, coûtent étonnamment à la république.*

Voici mon mode d'élection.

Chaque assemblée primaire nommera les députés de son département.

Chaque district, en présence d'un commissaire
de chaque municipalité, fera le recensement des
vœux de son arrondissement.

Chaque département, en présence d'un député
de chaque district, fera celui de sa dépendance,
et proclamera les députés qui auront réunis la majorité des suffrages.

Cette majorité sera absolue.

Que résultera-t-il de ce mode nouveau ? que
plus constamment que jamais, nous n'aurons aux

législatures que des hommes probes et éclairés, dont la réputation, appuyée sur l'expérience des devoirs qu'ils auront bien remplis dans les places des municipalités, dans celles des districts et dans celles des départemens, ne laisseront point d'équivoques sur leur civisme et sur leur probité : l'ignorance n'y pourra jamais pénétrer, puisque plusieurs années auront prouvé ce qu'ils sont.

Une commune, dans la vérité, est bien plus difficile à corrompre qu'un électeur. Des intrigans ne pourront plus électriser ces électeurs ; qui, sortis de leur village, ne se doutent pas, que jusques dans les lieux où ils vont se loger, les malveillans ont aposté leurs apôtres pour séduire.

Chaque commune saura que tels et tels, qui se sont constamment distingués plusieurs années, ne sont pas ces intrigans obscurs, que le crime met en avant sous le masque de la vertu.

4.° *Pouvoirs à donner aux députés.*

Il n'y pas de doute que le mieux est de n'en pas donner de particuliers, mais de les revêtir, sur leur conscience, de pouvoirs illimités.

Cependant, si les assemblées primaires, et même les assemblées électorales, si on les laisse subsister, ne peuvent pas donner de mandat spécial, il en résultera, que jamais le vœu direct du peuple ne sera émi. Il est de la nature du mandat d'être exprimé, autrement la volonté du mandant, seroit toujours celle du mandataire.

Pour concilier ce droit sacré et direct au peuple, de faire connoître sa volonté ; il convient donc que la nouvelle constitution maintienne ce droit imprescriptible.

Mais réfléchissant que le mandataire, ainsi commandé, ne pourroit plus se rendre aux lumières des autres ; réfléchissant cependant, que si telle

commune, qui donne tel mandat, avoit entendu
sa commune voisine, elle ne l'auroit pas donné ;
il convient qu'à la fois, le mandataire porte le
vœu, le fasse valoir, mais qu'au gré de la majorité
ou de sa conscience éclairée, il puisse l'aban-
donner.

§. XVII.

De la Peine de Mort.

Sans contredit, cette peine qui plonge l'humanité dans le deuil ; cette peine terrible qui la fait
tressaillir, puisqu'elle donne à l'homme le droit
cruel d'anéantir ce qu'il n'a pas créé ; cette peine,
que l'homme le plus vertueux redoute, si la scélératesse, l'intrigue, la jalousie, la vengeance l'as-
siégent, et si ses ennemis ont l'adresse de bien
cacher le nœud de leur trame scélérate, cette
peine, dis-je, demande la discussion la plus éten-
due, mais elle doit être ou abolie ou maintenue dans
le pacte social.

La vie de l'homme doit même en être l'objet
capital.

Ah ! comme j'en demanderois l'abolition, si je
suivois l'impulsion de mon cœur. Mais la sûreté
publique, la sûreté des personnes, la terreur si
nécessaire à imprimer aux hommes féroces, qui
dans l'ombre méditent les meurtres et les assassinats.... Ne nous arracheront-ils pas cette
peine épouvantable ?.... Il y auroit trop de chose
à dire ici.... Je renvoye mes lecteurs à mes *idées
sur les loix criminelles en 2 vol. in-8°.* dont l'assemblée constituante a ordonné le dépôt dans ses
archives.

On verra que le célèbre *Beccaria* s'est plus d'une
fois trompé ; et si contre le vœu du féroce et in-
humain *Dracon*, premier législateur des Athé-
niens, nous proscrivons cette peine dénaturée pour

les délits légers, peut-être les crimes atroces en seront-ils atteints. . . . .

§. XVIII.

Des sermens.

Si nation a multiplié les sermens et a été forcée de s'en délier, c'est la nation française, depuis qu'elle a commencé sa révolution, on ne peut le dissimuler ; mais en ce moment que cette révolution est énergiquement prononcée, et que le repos de la nation dépend de sa bonne constitution, il convient que la loi imprime au serment, le caractère sublime et sacré qui lui appartient. Je forme ici le vœu le plus fervent, que désormais cet acte incommensurable dans son objet et dans ses effets, ne soit plus prodigué.

A cet effet, la constitution n'en doit permettre qu'un, dans toute la vie d'un citoyen. Au pied de l'autel de la patrie, il doit à sa majorité prêter l'unique et solemnel serment, *d'être fidèle à la république*, et au dépend de sa *vie*, *de maintenir la constitution*, et d'obéir aux loix.

Ce serment entraînera celui de maintenir la liberté et l'égalité et de fidèlement remplir les fonctions civiles ou militaires qui pourront être confiées on pourroit même l'exprimer. De bonne foi, n'est-ce pas profaner cet acte sacré, n'est-ce pas l'avilir et en diminuer les effets, que de le prodiguer en mille occasions ! Le Ciel est malgré nous témoin de toutes nos actions, une fois que nous l'avons appellé, les parjures doivent trembler !

§. XIX.

De la Force publique.

Le tit. 4. de la constitution actuelle qui traite de la force publique, ne doit souffrir à mon avis, que deux réformes. L'une , en ce qui concerne le roi d'alors, et l'autre sur la question de savoir , si on laissera encore la distinction de troupes de lignes et de gardes nationaux ; je penserois assez que la bonne politique veut qu'ils portent tous le même nom , sauf la distinction des volontaires , de ceux engagés à tems déterminé.

Une économie durable pourroit aussi exiger l'augmentation du nombre de soldats de chaque compagnie , et du nombre des compagnies, de chaque régiment, légion ou bataillon. La multiplicité de nos états-majors grossit les frais, et nuit peut-être à la rapidité des mouvemens dans une action.

Ici nos législateurs doivent fixer leur attention sur deux réflexions bien importantes.

L'une, concernant la permanence de la force armée. Il en faut une sans doute , pour protéger l'état et rompre les entreprises tyranniques de nos voisins.

Mais intérieurement, une force considérable armée pourroit faire redouter les empiétemens dangereux d'un gouvernement militaire.

L'autre relative aux duels. La constitution seule peut éclairer sur la férocité du faux honneur qui l'engendre. *Voyez mes loix criminelles déjà citées.* Je crois, sur cette partie, avoir préparé plusieurs moyens infaillibles ; et qu'en vengeant l'honneur par l'honneur même, j'ai touché le nœud. Cette vertu sublime convient plus particulièrement à des hommes libres et républicains. Il est bien essentiel de tout tenter pour extirper à jamais, le principe funeste de ces assassinats au nom de l'honneur, qui blessent à la fois la bravoure, la raison , et le sentiment de justice, que la loi seule doit nous inspirer et nous obtenir.

Les loix de la discipline d'ailleurs, demandent une grande sévérité. Le salut de la patrie l'exige (1), et cela me suffit, pour garantir le vœu affirmatif de nos braves guerriers.

Je desirerois que la constitution tînt en requisition permanente tous les enfans de la patrie, depuis 18 ans jusqu'à 24, inclusivement.

La population peut exiger que dans cet intervalle, ils aient la faculté de se marier, cependant j'aimerois bien, que leur union conjugale fût le prix de leur service militaite ; la couronne de Mars s'allie bien avec celle de Vénus : les lauriers mêlés de fleurs qui n'en seront que plus verdoyans, ombrageront délicieusement le berceau du premier fruit de leur union ; et l'enfant couché dans l'armure de son père, apprendroit bientôt que ses premières forces appartiennent à la défense de la république.

§. X X et dernier.

Des droits de l'homme, de ses devoirs, et de la constitution.

D'après ce que je viens de dire dans mes 19 §. qui précèdent, voici ce que je propose d'adopter de l'ouvrage profond, mais inégalement prévoyant de la constitution de 1791.

Déclaration des droits de l'homme et du citoyen.

J'observe d'abord que j'aurois aimé que l'on distinguât les droits de l'homme, qui sont les mêmes sur toute la surface de la terre, des droits du citoyen qui sont différens, en raison du régime de leur gouvernement. Les citoyens de la France feront eux-mêmes leurs loix désormais, et ceux de presque tous les autres état, sur-tout les monarchiques absolus, leurs despotes, les font, etc.

---

(1) Avec une petite armée nourrie dans la discipline, Agésilas fit trembler les Perses. Mais se souvenir, que la liberté excessive se détruit... Que Brutus ne songea pas qu'en voulant une liberté immense, il semoit les germes de la licence.... Que les ambitieux et ceux qui n'ont rien, aiment trop le changement.

Quand je dis , droits des citoyens , j'ignore si je parle français, car le mot *citoyen* , dans notre politique , peut bien convenir à tous les hommes, en y ajoutant l'adjectif, *bon , mauvais* ou *mixte*, mais en est-il de même en bonne grammaire ? Est-ce une de ses syllepses ?.... Le substantif, monsieur, que les riches s'approprioient , convenoit-il mieux à tous ? J'ignore si le nom ou le prénom ne devroit pas être le véritable.... Mais comme il est indifférent à la déclaration des droits, j'abandonne au goût ou à la civilité , ou à la puissance de la pensée , à adopter le nom qu'ils voudront me donner en m'approchant. J'aspire à celui de *bon patriote*. Heureux si mon travail pouvoit l'inspirer.

Cette déclaration est faite en dix-sept articles, Tous sont bons et vrais : cependant ils ne parlent pas tous avec la même conviction au peuple. Il en est même de très amphibologiques. Les mots *égalité* et *liberté* ne sont pas assez expliqués , et l'on se rappelle les erreurs dangereuses qu'ils ont engendrés. Voyez mon paragraphe premier.

Voici l'article que je désirerois substituer à l'art. premier de la déclaration des droits.

« Les hommes naissent et demeurent égaux en
» droits. La loi , soit qu'elle protège , soit qu'elle
» punisse , frappe également sur tous. En se sou-
» mettant à la loi , ils sont libres de faire tout ce
» qu'elle ne défend pas. *Ils sont encore libres de*
» *faire le bien , que la raison enseigne , et d'éviter le*
» *mal qu'elle condamne et que la loi n'a pas prévu.*
» La diversité de leurs fortunes n'engendre point
» de distinction entr'eux ; l'utilité commune , à
» raison des fonctions qui leur sont confiées , leurs
» talens et leurs vertus , en admettent seulement ».

Cet article ainsi rédigé , trop expliqué pour deux millions, sera mieux compris par 23 ; c'est ce que je désire.

L'art. 2. Je conviens que le but de toute association politique est la conservation des droits naturels et imprescriptibles de l'homme. Je conviens
que ces droits sont, la liberté, la propriété, la
sûreté, et même *la résistance à l'oppression*.

Mais ce mot vague, *la résistance à l'oppression*,
a déjà été funeste. Comment exercer cette résistance ? Est-ce par nous ? est-ce par la loi ? Par
nous, qui jugera de *l'oppression* ? Sera-t-il tems
d'en connoître la chimère ou le prétexte, lorsque
la résistance aura fait un mal ? Etes-vous opprimé,
dites-le à la loi, et elle vous vengera. Mais sous
prétexte d'oppression, ne portez pas les coups
qui sont en son pouvoir. On ne doit pas se faire
justice à soi-même. Les voleurs, et sur-tout les
anarchistes, se croiroient opprimés, et vous tueroient
lorsque vous défenderiez votre bien ou votre liberté.

L'art. 3 doit être changé, parce que ce n'est
pas *le principe* de la souveraineté qui réside dans
la nation, c'est la *souveraineté* elle-même. Ce n'est
point *essentiellement* qu'elle y réside, c'est par *essence*. L'exercice seule de cette souveraineté qui
est une, illimitée, indivisible et absolue, ne réside ensuite ailleurs que par délégation ; ainsi non-
seulement nul corps et nul individu ne peut exercer cette autorité si elle n'en émane ; mais il faut
ajouter : *nulle portion du peuple*. On sait ce qu'une
poignée d'individus a cru pouvoir se permettre.

Au moyen, sur-tout de mon article premier,
les art. 4, 5, 6 demandent une autre rédaction.

Art. 6. Je désirerois : la loi est l'expression de
la raison et de la volonté générale. Cette addi-
tion, de *la raison*, avertiroit les législateurs de se
mettre en garde contre les intrigues et les passions.
La raison, ce présent de Dieu, est toujours im-
passible, et veut toujours *le bien*. Or, le bien
le plus parfait est *le but* de la loi.

Rien à changer aux art. 7, 8, 9. Fondre les art. 10 et 11 en un.

Que l'on les réunisse ou non, il conviendra d'ajouter : « Tout calomniateur sera puni de la » peine attachée *au fait*, dont auroit été passible » le calomnié ».

Cette espèce de peine du Talion, est la seule capable de retenir les scélérats, qui, pour favoriser leurs intrigues ou leurs vengeances, outragent la vertu même.

Si une constitution étoit assez imprévoyante pour protéger, par son silence, la calomnie, sous le manteau de la liberté des opinions, ce seroit une constitution meurtrière.

Quand aux opinions religieuses, j'espère que l'on aura égard à mon §. 5.

J'espère encore que, fatigué des scandaleux écrits, dont le brigandage souille Paris, et les départemens, à l'article 11 on ajoutera : « Les » écrits contre les individus ne pourront être faits » ni présentés qu'aux autorités constituées, char » gées de l'objet en litige, et ceux contre les au » torités constituées, ne pourront être distribuées » qu'à l'autorité supérieure ».

S'il en étoit autrement, garre le poison destructeur de ces infâmes écrivains, qui, n'ayant rien à perdre, calomnieroient la divinité même.

L'art. 14, concernant les impôts, doit être corrigé, parce que ce ne sont point les citoyens individuellement, mais les représentans qui peuvent déterminer la quotité de l'impôt.

Les art. 15, 16, 17 et dernier, bons ; mais voyez §. 5 et 7, pour les additions.

Cette déclaration des droits ne doit-elle pas être suivie de celle des devoirs ? c'est ce que nous allons examiner.

Déclaration des devoirs de l'homme.

La connoissance à l'homme de ses devoirs, me paroît d'autant plus précieuse, qu'une propension trop certaine le porte autant à oublier les uns, qu'à exagérer les autres.

Voici l'idée *substantielle* de cette déclaration des devoirs en un article unique.

L'homme doit une offrande à celui qui lui a donné l'existence.

Ouvrage de son cœur, cette offrande est libre.

La raison qui l'éclaire, lui enseigne qu'il doit vivre en société.

Elle lui dit qu'il doit obéir aux loix de son agrégation.

La première de ces loix est de servir sa patrie, et d'en défendre la tranquillité, la prospérité, la liberté et la gloire.

Ces loix étant pour le bonheur commun, celui qui les viole doit être puni.

Il doit l'être ; s'il vole la propriété commune ou partielle.

S'il attente à l'existence ou à la sûreté individuelle, si même le pouvant, il ne protège pas ses concitoyens.

S'il ne s'oppose pas à la tyrannie et à l'oppression, soit publique, soit particulière . . . . .

Il sera éminemment récompensé par les jouissances délicieuses de son âme, et par l'estime de la société, s'il contribue au bonheur général et particulier.

Fidèle à ses devoirs privés et publics, il sera autant l'enfant chéri de sa patrie, que l'intriguant factieux ou ambitieux en sera l'opprobre . . . . .

Enfin, l'amour de la patrie sera pour la vertu ; sa haine, son mépris et sa colère seront pour les

vices ou les faux patriotes, et plus encore pour
les sycophantes.

*Constitution nouvelle, comparée avec celle de 1791,
et ce que l'on doit adopter de cette dernière.*

Ce qui a pour titre constitution en un article
unique, est bon à conserver.

Id. Tit. 1er, des dispositions garanties par la
constitution.

Id. Tit. 2. De la division de la république.
Pour l'administration locale, cette division en
84 départemens, est nécessaire. Ils doivent rester
corps intermédiaires entre le pouvoir exécutif,
qui doit les entendre et rendre compte au besoin
au corps législatif, et les districts auxquels les municipalités doivent comptes. Ces districts conti-
nueront de correspondre avec les départemens.
Cette hiérarchie des pouvoirs est indispensable.
Voyez §. 7 et le suivant.

L'idée que l'on cherche à donner au corps
législatif et même au pouvoir exécutif, d'entendre
directement les 40,000 municipalités, n'y fera
rien changer, à moins qu'on ne veuille tout pa-
raliser.

Les art. 2, 3 et 4, (*Ceux réputés citoyens.*)
bons.

L'art. 5, *concernant le serment.* Voyez mon §. 18.

L'art. 6, (*Ceux qui ne sont plus Citoyens.*) bon.

L'art. 7 doit être ainsi rédigé : « La loi ne con-
» sidère le mariage que comme contrat civil. Le
» divorce est admis, les naissances, mariages et
» décès seront constatés et le divorce prononcé,
» conformément aux loix existantes, tant qu'elles
» ne seront point abrogées, et tant qu'il n'y en
» aura pas de nouvelles..... Ici examiner mon
» §. 7 sur l'adoption ».

Les art. 8, 9, 10 et derniers, bons.

Tit. 3, des pouvoirs publics. Chap. 1, de l'assemblée nationale. Voyez mes §. 9, 12.

Section 1re., nombre des représentans; bases de la représentation. Voyez *id.* et mon §. 16.

Sect. 2 et 3 des assemblées primaires, nomination des électeurs. Voyez §. 16, n°. 3.

Sur l'art. 5, section 2, concernant les faillites. V. §. 15, n°. 3.

Section 5, de la réunion des représentans, bon. Mais sur leur inviolabilité, art. 7, en ce qui touche leurs opinions, doit être religieusement conservé; sans cette loi, les députés ne seroient plus que des esclaves : ils ont assez à combattre.....

Mais il faut ôter l'équivoque de l'art. 8, hors leurs fonctions, les députés (comme les autres citoyens) doivent être soumis à la loi pour tout ce qui est personnel.

Pour *délit* en général et pour faits criminels, ils doivent être soumis aux mandats d'amener et d'arrêts, à la charge d'en avertir le corps législatif, dans les 24 heures de leur exécution.

Mais cette exécution doit précéder; une loi contraire seroit un brevet d'impunité.

Chap. 2, de la royauté, régence, ministère, à rayer.

Chap. 3. De l'exercice du pouvoir législatif. Sect. 1.re Séances et forme de délibérer. Sect. 2. Bon à suivre, en ce qui n'est pas contraire à mes bases. Sur-tout, conserver le *Comité général.* Si le Sénat de Rome n'eût pas gardé le secret du message d'Eumènes, que seroit devenue la guerre contre Persée ?

Sect. 3. De la sanction royale. Sect. 4. De la relation avec le roi. Bon à rayer.

Chap. 4. De l'exercice du pouvoir exécutif. *V.* mon paragr. 13.

Sect. 1.ᵉʳᵉ De la promulgation des loix- A changer d'après mes bases. *Id*. Sect. 2. De l'administration intérieure ; mais *vid. suprà*, sur le tit. 2. Division de la république.

Sect. 3. Des relations extérieures. A changer, d'après mes bases.

Chap. 5. Du pouvoir judiciaire. *Voyez* mon paragr. 14. Les concilier, d'après les bases principales.

Art. 4. De la force publique. *V*. mon paragr. 19. Bon, ce qui n'y est pas contraire.

Art. 5. Des contributions publiques. Bon. Mais *voyez* ce que j'ai précédemment dit (1). Un *doit et avoir certain ;* alors une grande opération financière, et non pas des milliers d'opérations parcimonieuses de financiers, qui creusent de plus en plus l'abîme au lieu de le combler. J'oserai donner pour lors le plan d'une opération générale.

Tit. 6. De nos relations avec les nations étrangères. Bon, en ôtant ce qui n'est plus.

Tit. 7 et dernier. De la révision des décrets constitutionnels. *Voyez* mon paragraphe 11.

Sur le tout, prenons des mesures énergiques ; mais au nom de la patrie, tâchons d'éviter, qu'en cherchant dans des conceptions exagérées le bonheur et la paix, qui font l'objet de mes vœux, l'une et l'autre ne nous échappent.

---

(1) Dans mes idées sur les impôts publics, où je propose à la fois d'enrichir le trésor public, soulager la classe la plus laborieuse, & malheureusement la plus indigente.